Senda De Sueños

Sandra Méndez

ISBN-13: 978-1721290512

ISBN-10: 1721290516

Primera edición y publicación, 2017
Editorial Buenabaj, Los Estados Unidos.

Todos los derechos reservados. Ninguna parte de este material puede ser reproducida de cualquier forma o por cualquier medio, incluyendo fotocopia y grabación sin permiso escrito del propietario del copyright. La autora es la única responsable de todo texto literario de este libro.

Este libro fue impreso en los Estados Unidos de América.

Para copias adicionales se puede hacer visitando, Amazon.

Prólogo a Senda de sueños

Esta mañana sentado estoy golpeando al ordenador, para que comprenda que nada es verdad o mentira en la metáfora. Cuando los sueños y las realidades caen en la pluma de Sandra Méndez, extraordinaria alquimista del lenguaje, quien en sus artes juega y conjuga las realidades físicas de los sueños en "agua dulce" que ha de saciar tu sed de entendimiento, como el oro que enriquecerá tu existir, una vez que comprendas la simpleza de la formula que te ha de permitir extraer la realidad del sueño, y descorra en un simple verso.

El velo que encubre la materia del encanto llamado amor. Sandra, te hará comprender a verso limpio, cuando su pluma se convierte en cincel, labrando en tu entender la dulzura de lo amargo, o la inconsistencia del concreto. Así cuando a sus sueños llegan: O un SÁTRAPA, o la FE. Sus artes, te las entregará en un juego de palabras... *¡hecha poesía!*

Magia pura brotada de su corazón y procesada en tales artes, para hablarte de sus dolores de amor, que a veces llama: SENDA, ESTAFA, UNA HISTORIA QUE SE REPITE, NOSOTROS, YO TAMBIÉN, por ejemplo.

Otras veces serán sus líricas, odas en rebelión de las angustias a la sujeción a causa del amor. Vendrán también los versos excitando y explicando las pasiones, como si fuera un Glosario Existencial, ordenado en su listado, llamado índice, que usarás luego de leer a Sandra, como prontuario de vida, para fines de tu supervivencia existencial, pues habrás, a pie juntillas, poder definir el qué son: CARICIAS, COMPRA, ESPERANZA, IGNOMINIA, POLINIZACIÓN, etc. Y sí mucho apuras, en el auxilio de los ordenadores podrás consultar y pedir al buscador, por concepto o lema, aquello que de la vida ocupes, ya por tu inquietud intelectual o ya por tu inestabilidad emotiva de entender lo inmaterial o lo concreto de tu vivir en sueños o de tu soñar viviendo.

Extraña sencillez esta, ávida está en la alquimia que Sandra Méndez se ha inventado como poeta, más que irreverente, transgresora y esencialmente libre, por la ambrosía del ser, por el estar siendo, con una pluma y un papel a mano. Oro puro en la ambición de los poetas.

Rafael Z Flores
Primero de Julio, 2018
Tijuana, Baja California, México

Índice

QUIEN PUDIERA…
YO TAMBIÉN
¿POR QUÉ?
INTENSIDAD
UNA HISTORIA QUE SE REPITE
MENTE
SÁTRAPA
ESTAFA
DESAFÍO
LETRAS
SE DIJO
NOSOTROS
RECOMPENSA
VENTANAS DEL ALMA
TIEMPO
DUDA
LA CLAVE
PALABRAS
EXISTENCIA
SENDA
MANANTIAL
MI TIERRA
RETÓRICA
DISTANCIAMIENTO
POR FIN
CONFIANZA
¿AMOR DE MADRE?
VIVIR
LECTURA
MUNDOS OPUESTOS
¿ALEJARTÉ?

UNIÓN
FASTIDIO
DIÁLOGO
DOLOR
PUERTA
LA VIDA
ATADOS
VANIDAD
MI YO
CONTAMINACIÓN
FE
SEXO
GRITO
ECLOSIÓN
ENERGÍA
IGNOMINIA
POLINIZACIÓN
CARICIAS
ESPERANZA
NADIE SABE
ENTREGA EN LIBERTAD
COMPRA

QUIÉN PUDIERA...
Quién pudiera jugar en el tictac del tiempo
coexistir en la estela de los sueños
cantando versos que salen del alma.

Sí tan solo la vida me concediera el suspiro de la locura
para tocar el pincel de poetas que no se encadenan
esos que entre versos gritan el palpitar de sus anhelos
coloreando al cielo sus coplas agridulces
donde sucumben en los deseos de horas eternas
haciendo que las rimas vivan a fuego lento
transformación de ideas en esencia al canto.

Sin existir salida alguna
quedando cautiva en el delirio
de poemas que entonan la demencia pura
quienes estremecen emociones complejas,
encarándose la agonía de la existencia
es el segundero quien se ríe por la osadía.

YO TAMBIÉN
Yo también divago entre el perfume de la rosa
entre el néctar de tu epidermis
develando los sueños no permitidos
los que piden a gritos el encuentro exquisito.

Yo también me declaro perpetradora de espejismos
loca insaciable por irrealidades
donde mi demencia logre el punto idílico.

Yo también fantaseo entre tus miradas en fuego
cabriolando fusionados en el grito inmortal de los sueños
universo delirante para salir de lo inconcluso.

Yo también vagabundeo entre suspiros
en el viaje de colinas que se estremecen al delirio
haciendo de la independencia anhelos.

Yo también aspiro en noches de insomnio
nuestros cuerpos colisionen en marejadas perfectas
donde los vientres rujan al placer perpetuo.

Yo también sé de la manía que danza en mi corazón
al contemplar tu mirada de lince voraz
en la sonrisa perversa de tus deseos…

Yo también muero entre tantos apetitos
en el recorrido de tu silueta imantada
bramido de lujuria entre choques estelares.

Yo también se del amor que por ti siento
sabiendo que a tu lado rejuvenezco
cabriolando entre risas en busca de la utopía.

Yo también reconozco que me tiro al abismo sin miedos
cediéndome a la mirada transparente
esperando con temblor el beso profano…

¿POR QUÉ?

¿Por qué el hambre de amordazar las alas?
Si en el arcoíris del plumaje canta libertad.

¿Por qué quedar prisionero
ante el amor que ya no florece?
Si los vientos gritan despertares…

¿Por qué poner cadenas a los pensamientos?
Si el telar de posibilidades anhela volar.

¿Por qué anidar en el que dirán?
Si las fronteras son para remontar.

¿Por qué el sexo ansía someter?
Si entre danzares el amor toca la utopía.

¿Por qué maldito miedo te aferras en cada
alborada?
Si la sonrisa abre la luz de la fe.

¿Por qué de tanto por qué?
Si la independencia esta en tu interior.

INTENSIDAD
Delicia de vientres en fuego
se rompe el manto de la paz
rasgándose vestiduras entre caricias
besos apasionados inician el vuelo
arrojándose al infinito placer.

Las miradas voraces de linces a la caza
gritan ansias codiciosas por poseer
va el delirio destilando su locura
y el calor se libera asesinando los miedos.

Los pensamientos se pierden en el frenesí
solo permanecen los anhelos indecentes
transpiración aromatizada del erotismo
enloquecimiento arrebatador en complementación.

Brebaje espeso de sueños prometidos
para regar entre gemidos las montañas epidérmicas
navegando en el pulular de las codicias
sucumbiendo al frenesí energético…

Condena a la dicha,
quedar prisionero en el letargo de los deseos
apreciándose el cosmos en unión perfecta
paralizado instante del segundero.

UNA HISTORIA QUE SE REPITE
¿Quién te crees?
Para destilar infamia de palabras
pretendiendo mostrar hidalguía de decoro.

Cuando tu camino muestra bajeza de mañas
logrando la ira de la mujer desdeñada
en la espalda de los hijos desquita su rabia.

Incapaz de detener aquella mano lacerante
tiempo donde el zumbido de ira golpeaba
extrayendo lágrimas sangrantes de frustración,
fueron años que encadenaron sufrimiento y ruina.

Alboradas que exprimían el miedo
constancia colérica en explosión,
buscándose en el sigilo sosiego
deseaba desvanecerme entre rincones
en el silencio de la sinrazón
evitar terror de pasos de horas agónicas.

Mientras te escuchaba en alarde
jactarte entre lisonjas y oprobios
queriendo seducir mujeres en tu andar,
siendo mi alma espectadora de infamias
observando con rabia y dolor tu trampera vanidad
al inexistente respeto que no pudiste exponer.

Ahora vienes envalentonado gritando violencia
enarbolando bandera de respeto
alzas tu dedo de juez y verdugo;
más te digo con altivez:

¡Antes de lanzar podredumbre a mi techo,
mira el tuyo que es de cristal!

MENTE
Mariposas pululantes, pintadas de pensamientos
las dudas son infantas inquietas
el universo es el límite en que poner tu proa.

Al moldear el intelecto la belleza florece
sin bretes ni prejuicios que asfixien los anhelos
siempre con cuidado de dejar abierto el horizonte
ante la algarabía y remanso de lo aceptado.

Eternamente en constante metamorfosis
donde el vuelo intelectual pueda remontar
entretejiendo cada suspiro en el arcoíris
sentimental.

SÁTRAPA

Traje ilustre que no te queda
abusas del poder por la malicia de tus engaños
haces alarde de posesiones indecentes
vienes escondiéndote en máscara
para que tu mirada no muestre la maldad de tus
entrañas

Tiemblas ante los colores del buen actuar
entre corredores destilas veneno de envidia
deseando destruir lo que tu intelecto no te permite.

No comprendes que las pinceladas son libres,
y el plumaje cada quien lo acicala…

ESTAFA

Dos esencias en el danzar de irrealidades
en el intento de ser unidad,
conato por conquistar el palpitar del corazón
sabiendo que el tuyo es de agudo hilo.

Ahora el alma llora en el vacío de la soledad
conscientes, nunca aureolas fueron requeridas
ni colocadas flores que perfumaran falsedades,
el sufrimiento señala
se cayó en las garras de tu engaño.

Queda el respiro sin sustento
al ver la jactancia de tu alarde
fuiste sacrificando con artimañas serpenteantes

la esencia que te iba amando. Falso compromiso de
teatral espejismo
victimizándote ante los críos que te idolatran,
haces alarde de logros ajenos.

No erguiste con mimos y caricias los plumajes
te mantuviste cómodo en la distancia,
veías el huracán de actividades
sin alizar las piedras del camino,
las labores en la distancia quedaban dormidas
ni existiera señalamiento de correctivos
y siempre tus manos se mantuvieran intachables
ante la mirada de tus hijos.

Mientras ellos en la ceguera te reverencian
bienaventuranza de tu andanza
donde los enojos florecen con espinas
a la madre se le tacha en coraje de miradas
cizañeras
por la lucha en coraje por el vuelo de limpias alas.

Vienes y señalas con prepotencia de varón insano
haciendo alarde de la ignorancia del colapso
tu antifaz esconde tantos daños
entre miedos y vejámenes quedaron.

Apareces declarándote sacrificado
escondes ante ellos la mirada del desprecio,
derrochando flores y cuidados ante mis pasos
buscas con mañas la balanza caiga a tu favor.

Te pido no juegues malas cartas
la realidad en el tiempo dará frutos
más si la vida no la concede
sé que mi amor confirió en cada paso lo mejor.

DESAFÍO
Reto acompañante de la vida
despertar energético en fortalezas renovadas,
tomando valor del descalabro.

Eres arrojo interno en estremecimiento
sosteniendo en poderío el último aliento del revoloteo
impulso aguerrido del palpitar personal.

LETRAS
¿Por qué escribir en las hojas del tiempo?
Es liberación de los pensamientos.

Cardumen de ideas queriendo plasmar el alma
pintándose jeroglíficos palpitantes de anhelos
donde las piedras canten a los vientos los suspiros.

Dejar de ser sombra perdida en los miedos
ante el navegar desértico de la vida.

Sean pues los versos el resplandor que de sonrisas
degustándose en la mirada el cosmos colorido
tejer el güipil de la existencia
según las notas musicales del vals de los danzantes.

Plenitud de garabatos apasionados
en el tictac las letras se pulen
construyendo la dimensión paralela
donde la sonrisa prevalezca.

SE DIJO
La amistad se construye en la sonrisa del tiempo
amalgama de sentimientos complejos
en la borrasca de la noche eterna.

Pequeña grieta daba cabida a ideales
el cariño adquiría fortalecimiento de las alas
ante la seducción de una voz triste
en el canto de su lamento.

Gritaste a los vientos amor franco y sincero
ella en su mundo de tinieblas su corazón mantenía
simplemente dejaba espacio de amistad generosa y
sincera.

Luchabas entre quimeras
intentando tocar su esencia perdida,
su mundo era distante
en la telaraña de sombras y colores.

Valorando en el sendero tu luz acompañante
era fiel al cuidado fraterno que les unía.

La ira se desboco sin previo aviso
al no obtener las mieles apetecidas,
estremeciéndose el cielo ante el pesar.

Herida profunda clavaste
dejándola en la hondonada de su tristeza
yermo hilo de pasos en condena.

Vagan en diferentes sendas ermitañas
llorando destierro de la sonrisa.

NOSOTROS
Nosotros viajeros de un tiempo perdido
dejamos escapar las caricias prometidas
de todos aquellos mimos ardientes.

Solamente nos concedemos suspiro de
pensamientos
navegando entre musicales versos
van esculpiendo el grito que dice, te quiero.

Y tú en la lejanía entre subliminales mensajes
quieres obtener las mieles permitidas
sin comprometer tu camino.

En el presente quedamos varados
ante los arrumacos que un día nos concedimos
jugando entre orgullos nuestros miedos
rogando que la distancia se derrita
mientras no somos capaces de dar un paso.

RECOMPENSA
Cuanta arrogancia destila tu andar
pavoneo de presunto intelectual
alzando la mirada en desdén
ante el cariño otorgado en poesía.

Artero ser de antifaces deslucidos
regurgitas palabras cizañeras en atropello,
cegado desprecias el amor verdadero.

Ha de llegar el día que tu corazón en soledad
permanezca
lamiéndote de la pasión no valorada
heridas de tiempos que te han de dejar vacío
llorando las caricias que tu alma perdieron.

Recompensa obtendrás de mala cosecha
al ver el fuego verdadero de un beso no concedido.

VENTANAS DEL ALMA
Carretera de largo transitar
cárcel interna de nuestros miedos
con visceral lente opaco
en cizaña saltan crítica de ruinas externas
ante el silencio mortal del yo.

Se muestran tantos espejismos
como antifaces en sonrisas
según el molde del aburrimiento
prostituyendo la verdad
malicia del encubrimiento
cortina de la ignorancia.

Se oculta maldad en dulces palabras
veneno de macabro corazón.

Hay aquellas almas que van entre caídas
liberándose del pedregal del qué dirán.

TIEMPO
Condensándose las gotas del tictac
en receptáculo de vidrio de arena
sumándose emociones al calendario
el péndulo se balancea entre alegrías y penas,
subsistencia intensa del sendero.

Efímero sentir del aprendizaje
tras satisfacciones no cumplidas
hurtando sueños por no afrontar realidades,
siendo el miedo invasor de los pensamientos.

Creyéndonos domadores del tiempo
tejiendo historias lineales
sin entender el güipil de la existencia
donde todo fluye en circulación perpetua
haciendo de la luz interna
punto focal del todo.

Sin percatarnos que en la madeja vivimos
intentamos no quedar enclaustrados en el pasado
ni asfixiarnos por un futuro que no tocamos,
evadiendo el presente que nos consume
¿Seremos dueños del arcoíris ante las opciones?
O somos parte de la arena numérica del todo.

DUDA
Realidad es juego de cartas al viento
pintando el claroscuro de nuestro contexto
entre suspiros se guardan fantasías
en lágrimas las infamias ocultas
son espejos donde se intenta esconder sentimientos.

Insisto las cavilaciones conceden la libertad de la locura
en el telar de cuerdas dimensionales nos hayamos
punto exacto del mar de miedos
entre lecciones de caídas vamos fortificándonos.

Historia recurrente de aquel
que en la ignominia subsistió
en el pozo profundo del campo de concentración
muestra fehaciente, la paz está en nuestro interior.

LA CLAVE
Pieza sustancial del pensamiento
bastión informático de alcance al universo
llave precisa abriendo posibilidades
operación de algoritmos criptográficos
ante la danza mental del cosmos insospechado.

Se escudriña en el olvido,
generaciones entre ruinas buscan entendimiento
imperfección de lo no logrado
ante las sociedades perdidas en las arenas del tiempo
acalladas por el bullicio de la industrialización
espejismo en tecnología.

Se ha olvidado en la polución
en el sosiego se encuentra el camino interno
meditación que busca la razón del todo y la nada
retorno al interior del yo.

PALABRAS
Cardumen en vals seductor
es regalo en manantial de ideas
astucia del alma compleja,
rompiendo grilletes ideológicos.
Belleza oceánica de palabras
en el entretejer de idiomas
dando posibilidades al claroscuro mental
y libertad a la pluma del arcoíris
ese lenguaje verbal es canto del alma.

EXISTENCIA
Difuso recorrido de las agujas del destino
narcotizado tiempo de ilusiones en espejismos
ante el despertar de los bramidos de miedos,
con esperanza de afrontándose las caídas
para el entendimiento del vuelo.

Carrera sin sustento ni sentido
tras el oro y la plata en alucinación
perdemos suspiro del celaje colorido del alba
en la ceguera de vanidades insulsas
ya no danzamos en las perlas cristalinas de vida
malgastamos el descanso del sueño placentero,
dejando ir la melodía sublime
donde se detiene el tiempo en la dicha.

Quien logre viajar entre emociones
entre el subibaja de la realidad y fantasía
ira tejiendo esperanzas para surcar los ideales
se comprenderá el despertar del recorrido.

SENDA
Tu mirada de lince cantaba anhelos
rompimos leyes que cortaban el suspiro,
entre manos felinas voraces ante la locura
al contacto de las epidermis en estallido
fue la utopía en delirio.

Los volcanes despertaron al firmamento
poesía que irrumpía la cordura
tiempo de avivar sensaciones no permitidas.

No hay condena ante ese beso no concedido
simples conatos por entregar la vida,
lamento en que los miedos superaron el arcoíris del
destino.

Lo que un día el palpitar advirtió
hilo intangible de la existencia que nos unirá
en tristeza se transformó.

MANANTIAL
Suprema mentalidad en esplendor
inexistentes puntos limítrofes
siendo únicos carroñeros los miedos.

Ante las ignorancias vagamos en polaridad extraña
corriendo tras lo intangible
llorando por la realidad que socaba,
ignorantes ante el tesoro interno
vamos empeñándonos por poner reglas a las alas
sin entender que nos enclaustramos
no permitiendo realizar los sueños…

Mundos paralelos que buscan imán de la
coherencia
en fe, un día lograremos el acoplamiento
siendo guía del alma, cada una de las artes.

MI TIERRA
Mi tierra son montañas y valles sin fronteras
en verde esmeralda de sueños
donde se esculpieron las historias ancestrales en piedra
dejando legado adormecido en el tiempo,
pueblo Maya que viene despertando
entre el arcoíris de hermandades.

Contradicciones del golpe de la realidad
naturaleza en manantial de eterna primavera
mientras se llora el pesar de la pobreza
manteniéndose esperanza en llama viva
donde el Quetzal un día en libertad vuele
en las alas de un pueblo culto
con el amor del viaje a las letras,
donde la paleta de colores muestre millo de posibilidades
en la grandeza interna de nuestros talentos.

NO HAY…
No hay palabras que describan al viento
las caricias ocultas en el palpitar
son versos en formación
en sueños de castillos de arena.

No hay mejor oficio que el arte del alma
sin importar que el insomnio consuma la noche
dando alas a las hilaridades del suspiro
donde las odas embriaguen a la nostalgia.

No hay perfección de aquellos que gritan erudición
en un mundo con sequía espiritual
queriendo esconder recelo que les consumen
temiéndosele al brillo del plumaje.

No hay coplas más bellas que las de la esencia en
latir
entre revoloteos pintan el arcoíris de la existencia
hacen que el viaje de la vida valga la pena.

DISTANCIAMIENTO
Tantas almas navegantes de la irrealidad
van derramando pétalos en querencias,
tiempo del delirio concedido
en el descuido se pierden las lisonjas
quedando palpitares en orfandad.

Mensajes del alma no penetraron a lo profundo
quedando varados los anhelos por el beso
prometido

camino donde se desgarra entre suspiros
ante la separación sin honor ni brillo.

Es el yo quien se enclaustra en su caparazón
al no encontrar sentido al resplandor de la alegría
frustrándose las mieles del amor
por sueños no cristalizados.

En el danzar del cosmos el ánima se extravía
quedando varados en el limbo del minuto
sempiterno
anidando el pesar con la sabana del desconsuelo

POR FIN
Por fin canta el atisbo del sosiego de mi alma
la agobiante carrera sin fin
dejó el transitar a los pasos en calma
el respiro va dando tiempo al remanso.

Los conflictos existenciales son libros abiertos
sin censura que amordacen el intelecto
entre líneas de la vida se le busca la salida
sin tejer cadenas que acribillen esperanzas nuevas.

Sendero solitario de música clásica en letargo
apreciándose los matices del alba y el ocaso
en la complacencia que aún falta camino,
vale la pena disfrutarlo…

CONFIANZA

No es coraza que envista los temores
es sonrisa de la luz interna,
sin buscar opacar brillos extranjeros
simplemente degustar de la belleza.

No todo ha sido sueño idílico
los párvulos pasos se han dado ante una sociedad
castrante
extrayendo lágrimas negras,
más la tenacidad del vuelo solitario
ha dado el gusto al sendero del andariego.

No fue fácil recuperar a la niña interna
devolverle los colores en brillo
conquistar la sonrisa perdida
ante la mirada penetrante en confianza.

¿AMOR DE MADRE?

Entre fanfarreas se exclama
inherente sentimiento materno
creencia germinada entre latidos del vientre.

Inexistente crédito a tal aseveración del sendero
ante el cardumen maternal,
no consta semejante acierto al palpitar
habiendo mujeres carentes de empatía en afectos
levantan muros en frialdad distante.

Niños que vagan por calles desoladas de ternuras
en hogares donde se extravían sus almas,

mendigan miradas de amor
perdiéndose en la infancia sin germinación
entre esquinas lúgubres de ilusiones perdidas,
van implorando maná de querencias que no llegan
hacen malabares en espera de aprobación
argucia de locuras, el tiempo cobrará su paga.

Golpes y palabras se perdonan por mendrugo de amor
el corazón soporta en la andanza de la ingenuidad
creyéndose la excelencia abrirá grietas a la sonrisa
destruyéndose el iceberg de la mirada severa
en que ha de emanar mensajes en bondad.

Hijos náufragos escondiendo en tristezas
asimilan desde edades párvulas, ardid de antifaces
escondiendo las lágrimas del alma.

Si el vientre no grita afecto
no se cubra en fachada lo que no puedes otorgarse…

VIVIR
Ave antigregaria
regalas trinos de amor
en el intento de tallar
aquel que escuche tu corazón.

Peregrinas almas al vuelo de libertad
en busca de la puerta que abra el cosmos
encrucijada de cada alborada
el rompecabezas emocional
da la fortaleza para el revoloteo universal.

LECTURA
Recorrido que abre universos entre letras
tiempo que enaltece en brillo
navegando en historias tejidas en novelas
o expandiendo horizontes científicos
ante el mundo ilógico.

Peregrinándose en el arcoíris de ideologías
disfrutando las mieles del entendimiento
visión de cada ente en su propio espejo.

Eres punto idóneo a la escapatoria del mundo en
caos
en ti se encuentra sentido a la existencia.

La metamorfosis en la senda adquiere fuerza
sello personal que obtiene forma
cada quien pone su propio brillo
o en la jactancia su resplandor se pierde.

Al final todos somos artífices de la demencia
rompecabezas que se construye en la vida,
léxico grácil en cuidado da sus viandas al aprendiz.

No hay timo del viaje de la lectura
quien en el análisis convive
se goza el cuestionamiento del telar de los propios
límites…

MUNDOS OPUESTOS
Personalidad arraigada en el tiempo
forjada entre censuras
galimatías de emociones en choque.

La hembra bravía salió al rescate
buscando proteger al corazón dolido,
fueron historias construyendo murallas
entre lágrimas derramadas en la eterna noche
donde los sueños pernoctaban en el vacío.

Se edificaban mundos paralelos
dando respiro a no quedar varada en la locura
la lógica tomó el poderío del camino
los sentimientos viajaron entre poesía
bebiendo cada novela el néctar de la cultura.

¿ALEJARTÉ?

Soledad compañera eterna de mi senda
en el talar existencial
estuvimos en reyerta constante,
sin concederme respiro ante la frialdad de tus
garras.

Me escabullía entre palabras impresas,
en los colores vibrantes de cuadros de la vida,
viajando en el suspiro en notas musicales,
o en el rigor de las esculturas desnudas…

Quedándote en espera tras el reloj de arena
cubriendo mis pensamientos, sin encontrar sustento
me llevaste maquiavélicamente al propio infierno
al destello del despertar interno
ante el laberinto de la historia compleja
se dejaron las cadenas en el llanto.

Ante tu presencia encontré los matices de los
versos
suspiros liberadores de sentimientos
fusión de tu presencia y mi demencia
metamorfosis donde emergió la calma.

UNÓN
Alianza fortalecida en anhelos
cegados por miedos
intentamos unirnos en la locura de trivialidades.

Espejismo de la humanidad
jactándonos de altiveces
olvidamos, la vida es pasajera
sin poder escapar del descanso eterno.

Somos viajeros saturados de prejuicios
sin ver belleza en desnudez del alma
tendremos que desechar los convencionalismos
sacudiendo las alas a colores nuevos.

FASTIDIO
En la lejanía el fastidio se divierte
estridentes notas musicales, vedan el descanso
ante el martilleo cerebral en holocausto
lacerando el sueño que dirige a la locura.

Segundos convertidos en agobiantes horas
sempiternas
alimentándose del malestar del inexistente descaso.

Población irritada entre retumbos no duerme
el sereno grita; las tres de la madrugada
donde la cabeza estalla.

El plumaje de las almohadas danza en mil
posiciones

más Morfeo no da el sustento al remanso
el silencio se escabulló entre retumbos
obligatorio desvelo en enojo
la fiesta en risas olvida el respeto,
la ley duerme plácidamente.

DIÁLOGO
Derroche de dicción hilvanada,
telar del cantar de historias
intento por desarrollar el intelecto,
la balanza pierde el equilibrio
saliéndose el torrente sin sentido.

Coloquio imperfecto
ante la ignorancia en expansión
queriendo ocultar el vacío de sentimientos
los que piden prudencia al juicio
en tiempos del silencio.

Léxico en ebullición del manantial
unos buscando amordazar en el espejismo
y otros en la palabra justa buscan la libertad.

El decoro no necesita gritos para hacerse entender
quien en su bajeza pisotea
el arcoíris en vocabulario no lo sabe manejar
por la falta de empatía a la humanidad.

¿Cuándo aprenderemos a dialogar?

DOLOR
Entre nubes grisáceas el dolor se oculta
celajes rojizos en llanto del ocaso
el cansancio rompe el quebranto
trabajo arduo en la noria imparable,
donde el cuerpo es fuego ultrajante
hasta el respiro flagela el agotamiento.

Inexistente tálamo que acobije el sosiego
ni butaca en acomodo de la destrozada existencia
el pesar no admite el adormecimiento
las ganas del alivio quedaron estancadas en la entrada
reloj que juega en contra,
los suspiros no logran proteger el remanso.

El lienzo oscuro se desplaza
los párpados son rocas que sucumben
cada movimiento es la tortura del tiempo
en choque el alma y la entidad se devanan.

Crepúsculo y viento vagan en horas ignominiosas
desespero del viaje sin horizonte,
el silencio ya es dueño y señor
por fin el descanso es pago indispensable.

PUERTA

Portilla abierta de par en par a sueños idílicos
pasa adelante grandeza del amor
locura sumándose hojas al calendario
bullendo en dicha el corazón.

Los días en luz radiante cantan alegría
se filtran los besos en los rayos del sol
trinos pintores de arcoíris
entregándose al abismo de la dicha.

Dos sombras danzas en jolgorio
consumiéndose en caricias de fuego
polifonía que retumba.

Cambios climáticos al destrozo
los bastiones entran en conflicto
derruyéndose pórtico ante los temporales
las clavijas se oxidan en el tictac
los temporales emocionales dictan condena
el deterioro socava lo reguardado
ira e incomprensión del mañana carcome la madera
tolvaneras que asolan la entrada.

Los tablones dejan espacio al tiempo
el jardín penetra a sus anchas
la paz entra al recinto
vida en enseñanzas nuevas en ilusiones
queda la puerta libre a las fantasías.

LA VIDA
Palpitar en curiosidad al viaje de vida
entre llantos se festeja lo insospechado
es respiro al nuevo sendero.

Familia en acobijo del revoloteo
sorpresa ante un mundo de claroscuros
en la oscilación imperfecta del atajo
se ira forjando el alma entre luz y sombras.

Las enseñanzas van dando sentidos
aprendiéndose, no hay guía del camino
la intuición dicta la senda de posibilidades
ante la sociedad que amordaza en prejuicios.

¡No cantes tu verdad!
¡No corras al viento de tus ilusiones!
Seguramente el tropiezo te dañara.
¡No juegues tu plumaje ensucias!
Vienen los fantasmas de la infancia
martillando cada día tus pensamientos,
sumándose al cadalso el quebranto
punzantes castigos de látigos y palabras
socavan el mañana.

Solamente los locos se atreven a cantar verdades
en peculiares colores de pensar,
desafiando la atracción de los recelos
escandalizando al mundo y sus habitantes.

ATADOS

Crepúsculo lúgubre en que el corazón quedaba varado
la fría sombra del pesar me acompañaba
surcando el negro cielo del adiós,
la desolación lloró desencanto en años.

La vida perdía el sentido
viajera sin rumbo en la desolación de los pasos
en el equipaje llevaba amargura, pesar y desconsuelo.

Monté en el caparazón de la tortuga del tiempo
en el mar del desconsuelo
rogando a los cielos la escapatoria
ante la vorágine de la tristeza.

Tarde de claroscuro telar de tertulia
donde los pensamientos vagaban a la soledad
tu nombre imponía tu presencia,
el palpitar estremeció las simientes del respiro.

La tierra tembló en sacudida interna
quedamos cautivos en el danzar de nuestras miradas
las sonrisas abrían el horizonte del ayer y del presente
sin tocarnos nos acariciábamos el alma.
El murmullo quedo colapsado
ante la energía en dicha de ambos
los mirones permanecieron anonadados.

El sentimiento reciproco era evidente
esencias imantadas en la distancia
quedamos unidos en el tiempo de los sentimientos.

VANIDAD
Ego engrandeciéndose en su néctar
ante su jactancia en el vaho se adormece
tornándose la mirada fría y altiva
trayendo mazo en espejismo de superioridad.

Todos caen en la cárcel de vanidades
queriendo algunos, el engreimiento dominar
balanza que el espejismo su juego muestra
ante el péndulo de la sombra y luz la equidad se pierde.

Más no todos quedan seducidos en la falacia,
lid interna abre posibilidades
despertar en la equidad.

MI YO
Soy cuerpo al rojo vivo
madeja de pensamientos en pasión,
canto y vivo en el suspiro
mi fuego es latir de la poesía.

CONTAMINACIÓN

Aberrante situación creada en avaricias e ignorancias
hundiendo sueños en miedos,
vamos quitando poderío al horizonte
por el espejismo de engreimientos.

Ante la ceguera del oscurantismo nos empavonamos
haciendo del alma la cloaca;
levantamos prejuicios,
nos condenamos al reflejo de nuestras carencias.

Tirando en desdén
señalamientos de nuestras faltas
sin aceptar responsabilidad de la podredumbre ante nuestros actos,
nos mantenemos en las cadenas aberrante de la existencia sin sentido.

Vamos dejando podredumbre
sin importarnos el futuro de generaciones párvulas.

Cuando el respeto por nuestro yo se haga palpable
germinará la empatía
a un mundo de simientes al bien común.

FE
Energía invasora del ser
danza prometida del palpitar.

Impulsora emocional ante el teatro de la vida
navegándose entre hilaridades del claroscuro,
la felicidad busca el hilo del atajo
donde las posibilidades no queden en anhelos.

Se subsiste en esperanza
ideal del sueño prometido,
aunque para el universo sea locura
el firmamento entretejerá las posibilidades...

En el recorrer de los calendarios la fe se sostiene
voluntad del alma sin quedar en deseos,
se colocan piezas del esfuerzo en movimiento,
para hacer de las ilusiones el camino en meta.

SEXO

Energía en contención del fuego universal
con poderío de llevar al desvarió
en la dimensión extravagante del viaje perfecto,
torrente demencial de fragancias en ensambladura.

Cuerpo y alma rejuvenecen al compás del delirio,
viviéndose el veneno místico de los placeres
entre miradas bestiales de voraces deseos.

Viajeras epidermis en fuego volcánico
en dicha se recorre el frenesí
arrebatando el gemido inmortal
dando la vida explota en el segundo perfecto
entre besos embriagadores en sonrisas.

GRITO

Rugido silencios en poder huracanado
va pronunciando el sentir a los rincones del cosmos
expresión dictada por la esencia.

Mujer de colores imperfectos
en cada alborada traza sueños
y rompe grilletes del mundo complejo.

Siente ser cautiva en la caverna del desamparo
cada paso va desangrando el veneno trasmitido,
los versos le inyectan libertad.

Entre la nebulosa la senda se abre

al mundo de sorpresas en el claroscuro en alfombra
aunque todos griten demencia
la vida adquiere brillo
insistiéndose colocar los colores de posibilidades.

ECLOSIÓN
No se malinterprete mi andar solitario
por el viaje de los versos en que navego
intento ser viajera en mansedumbre de pensamientos
en degustación del respiro de la paz.

No te enojes por mis cadenas de horas en sueño
donde tejo mis locos poemas
quienes cantan las ilusiones del alma
en el claroscuro de mis sentimientos.

No creas que es suplicio mi vivir en letras,
comprende, es libertad de mi transitar complejo
ante el universo del aprendizaje en colores nuevos.

No se niega es mi refugio y consuelo
lugar donde no anida el pesar
y esculpo los sueños del ideal inesperado.

No existen muros de ignominia
voy surcando en disciplina los anhelos.

No, no hay soledad que oscurezca mi recorrido,
cada verso es el respiro de mi danza.

ENERGÍA
Volcánica fuerza interior
movimientos galácticos en poderío
impulsor de la belleza interna
por pintar las propias fantasías.

Generadora del ímpetu del trabajo
canto del regocijo palpitante,
se entretejen sueños
tomando esfuerzo entre caídas,
yendo tras la utopía.

Eres destello causante de alegría
o destrucción de un cosmos completo,
sabiendo el danzar en cuidado
en el péndulo emocional.

IGNOMINIA
Locura en grito de guerra
prepotencia nefasta de un mal andar.

No hay justicia que calme la pena
ante cadáveres desmembrados por beligerancias
por aquellos que se bañan en egolatría
maliciosos entes colmados de maldad.

La cordura se pierde en la codicia perversa
en voraz hambre de poder
extravían el sentido de la humanidad.

Fieras hambrientas por dominio,
la inteligencia fenece en el oscurantismo
se alzan compas en festejo del honor
olvidándose los cementerios clandestinos
y las almas que vagan mendigando paz.

POLINIZACIÓN
Partículas en arcoíris del glorioso polen
llevan colores de la vida en ambrosia,
alegría a la existencia en trinos.

Viajero regalo en el viento de anhelos,
punto idóneo de la creación sublime
vals de la perfecta armonía
proveedora de emociones ilimitadas.

Ante ti, se encumbran las fantasías
rocías incertidumbre al horizonte
trinos sonoros de la naturaleza,
generadora del sustento en dicha.

CARICIAS
Fricción en ambrosia ardiente de epidermis
al viaje idílico al fuego tempestuoso
donde el terciopelo perfume el momento
ante el viaje seductor de anhelos.

Suave beso apasionado entregando aguamiel
poderío que en el tejer de segundos crese
exigencia sublime en busca de más...
dulzor en regodeo de a la utopía.

Entregándose los guerreros a la lid
movimientos suculentos al éxtasis glorioso
navegantes al horizonte de los placeres...

Rompiéndose barreras entre gemidos,
tirándose en caída libre en el recorrido seductor
van tras los placeres sin límites,
culmen energético en potestad.

Peregrinándose en el delirio de las fantasías,
transformación compulsiva en oleajes agrestes
huracanados segundos entretejiéndose,
incandescente llama que aturde el cosmos.

Palabras ardientes que se diluyen entre suspiros,
quedan los gemidos ardorosos en alegría,
cercanía volcánica en agitación...

ESPERANZA

Ninfa celestial de sentimientos escondidos,
levitas en el suspiro
vuelo incansable de la entrega pura,
sin importar el claroscuro de los días.

Las horas se apilan en agotamiento
más la entrega da el impulso al vuelo
sin importar el horizonte y sus neblinas
en meta se encuentra hallar la sonrisa.

Esplendor de sentimientos puros
profundidad en que el alma se libera
en la entrega donde la vida valga la pena.

NADIE SABE

Desdicha que traspasa el aliento
en la telaraña asfixiante del tiempo.

Complejo es navegar en la sinrazón de la realidad
donde los miedos mandan
y los timos cubren sus faltas.

Sin escapatoria ante los días que encadenan
la esperanza va feneciendo.

ENTREGA EN LIBERTAD
Peregrinaje de sueños transfigurados en versos,
emancipación de pensamientos destilándose en tintas
atesorándose el palpitar de los suspiros del corazón.

Los astros son observadores de la danza del amor
entre letras se desplaza el delirio
elixir que gime rimas
perdiéndose a la locura entre estrofas.

Virtud que florece entre gemidos excelsos poemas
regalo relampagueante donde se minimizan
defectos del recital
simplemente se concede el alma sin resguardo.

COMPRA
Ironía del espejismo mal logrado
has blandeado en apilados años
el dominio aberrante ante una mala enseñanza.

Hay tantos golpes en oscurantismo
donde el látigo hace años adormeció sus fauces,
quedando en malignidad palabras en despotismo.

Vienen acciones maliciosas con sonrisa de bienestar
¿Acaso crees qué me logras engañar?
Si tantas veces tu daga me has traspasado
dejándome en gélido llanto ante lo inconcebible

paralizada en la sorpresa macabra.
Frialdad de la mirada en destrozo
se han de colocar murallas
aislamiento en imposición a fronteras
tu mundo tiemble,
más sé que no es por amor.

Hoy vienes blandeando espejos de cuidados
queriendo comprar la sonrisa del mañana,
triste realidad incomprendida
el cariño no se vende…

Sandra Méndez, 18 de septiembre de 1,961. Ciudad de Guatemala, Centro América.

Maestra de Educación Primaria Urbana. Instituto Normal para Señoritas Belén, Guatemala. 1980.

Licenciada en Diseño de Asentamientos Humanos, Universidad Autónoma Metropolitana, Unidad Xochimilco, México Distrito Federal 1986

Escritora de novelas y poesía.

Participación en el FESTIVAL DEL CENTRO HISTÓRICO de la ciudad de Guatemala

Participación en la radio en línea Radio para el Mundo.

En conmemoración del Día de la Mujer, se escribió el poema "CORAZÓN DE MUJER", invitada por las organizaciones que trabajan con mujeres que han sido víctimas de violencia doméstica, sobrevivientes de cáncer, etc., de los EEUU.

Unas selecciones de los poemas también se publican en el periódico escrito:

      Carretera News, en Guatemala.
      Informa-T
      En la revista
      letraslibresenlariadio.blogsport.com.ar se publican algunos de los poemas.
      Revista Poética AZAHAR Taller de poesía

La página Sandra Méndez Poemas que se encuentra en Facebook es el conglomerado de poemas realizados, que su pretensión es el compartir sueños para todos aquellos que les agrade la forma en que son plasmados.

http://www.facebook.com/sandramendezpoemas

Poesías publicadas

PETALOS DE VERSOS
MUNDO DE LETRAS
¿QUÉ ANSÍAS DE MÍ?

La novela

EL VIAJE (Escrita en verso)

Un poemario compartido: 96 DIÁLOGOS DE VERSOS con el poeta español, Manuel Vílchez García de Garss

Teniéndose una página web donde se puede encontrar su trabajo tano escrito como declamado.

http://letrasdesandramendez.com/poemas/inicio.html

www.ingramcontent.com/pod-product-compliance
Lightning Source LLC
Chambersburg PA
CBHW031551210526
45464CB00003B/1257